Almut Weitze

# Tierische Diplomatie und weiteres missGeschick

Bibliografische Information der Deutschen Nationalbibliothek: Die Deutsche Nationalbibliothek verzeichnet diese Publikation in der Deutschen Nationalbibliografie; detaillierte bibliografische Daten sind im Internet über http://dnb.dnb.de abrufbar.

© 2017 Almut Weitze
Illustrationen: Almut Weitze
Herstellung und Verlag:
BoD - Books on Demand, Norderstedt

ISBN: 978-3-7431-9024-5

# Inhalt

|  | Seite |
|---|---|
| Liebesgedichte mal anders | 7 |
| Deutschland 3.0 | 25 |
| Tierische Diplomatie und weiteres missGeschick | 55 |

# Liebesgedichte mal anders

**Liebe**

Ein plätschernder Bach ist dein Sabber

Und hohe Poesie dein Geplapper

Dein Humpeln ein edler Gang

Dein Krächzen klingt mir wie Gesang

Dein Furzen ist wie ein Duft

Voll blumiger Rosenluft

Wie sanfte Hügel die picklige Haut

Getaucht ins Rot, wenn der Morgen graut

Auch dein Geschnarche stört mich nich'

Und atmet ganz ich liebe dich

**Warum hängst du deinen Rüssel**

Immer mit in meine Schüssel

Das elendige Schnäbeln

Und gegenseitig Gäbeln

Von liebestollem Pack

Ist gar nicht mein Geschmack

Also weg mit deinem Rüssel

Zum Herzen gibt's auch andre Schlüssel

**Hast du es denn nicht selbst gesagt**

Dass nie gewinnt, wer nicht auch wagt

So hab' ich's halt gegessen

Dein selbst gekochtes Essen

Nun grummelt mir der Magen

Ich hab's wohl nicht vertragen

Und schätz die Liebe sitzt eher da

Wo noch nie die Sonne war

**Mein Mann, der steht ja voll im Saft**

Und strotzt nur so vor Manneskraft

Doch was ich gar niemandem sage

Denn so was stünde außer Frage

Ist, dass er nur zwei Treppen schafft

**Du musst dich entscheiden**

Zwischen uns beiden

Schreit sie einer jüngren Blondine wegen

Drauf sagt er nach kurzem Überlegen

Weißt du, ich bin da ganz bescheiden

Was soll's, der Hund darf gerne bleiben

**Sie hat einen strengen, schmalen Mund**

Und lebt vegan viel zu gesund

Damit ihr Blick nicht gar zu hart

Auf meine Portion Rindfleisch starrt

Kauf' ich ihr nun 'nen Hund

**Nach dem Essen streicht er den Bauch**

Woraufhin aufsteigt blauer Rauch

Drauf reiß' ich das Fenster sperrangelweit auf

Und lass' seinem Tönen freien Lauf

Und denke nur, balde töne ich auch

## Orale Liebe

Ich liebe dich aus tiefster Seele

Du rutschst wie Öl runter die Kehle

Zuckersüß zerschmilzt dein Kuss

Deine Berührung ist Genuss


Ich liebe dich mit ganzem Herzen

Zuviel von dir bereitet Schmerzen

Bekomme ich von dir zu wenig

Dann bin ich völlig unleidlich

Ich liebe dich, so wie du bist

Da bin ich gänzlich Realist

Nun sagt man, dass die Liebe geht

Durch den Magen, ganz diskret


Darum als größten Liebesbeweis

Ess' ich dich jetzt, mein Schokoeis

**Betrachte ich dich bei Lichte**

Mach' mein Ideal ich zunichte

Drum lass ich's lieber sein

Richt' mich im Dunkel ein

Und träume deine Geschichte

**Nachwuchs**

Du heulst und schreist

Du spuckst und speist

Du kannst nicht laufen

Und setzt große Haufen

Mit deiner Aussprache hapert 's mächtig

Und nachts hältst du uns wach, ganz prächtig

Du frisst mir noch das Haar vom Kopf

Was für ein Glück, denn keinen Zopf

Wollt' ich je tragen

Nee, Glatze würd' mir mehr zusagen

## Liebesgeschwätz

In der Anfangsphase

Ertrug ich jede Phrase

Die du mit Emphase

Und bis zur Ekstase

Mir ins Ohr geschwatzt

Doch später da, mein Hase,

Bewirkten Wortschwallgase

Und Langeweil im Übermaße

Ein Schlingern unsrer Liebesblase

Schau zu, dass sie nicht platzt

## Magische Worte

Schon lange teilen wir uns ein Bett

In unsrer kleinen Maisonette

Ich koch' für dich allabendlich

Auf Händen trag' ich königlich

Dich und deine Träume

Ausreißen würd' ich Bäume

So sehr hast du mich still betört

Denn eines hab' ich nie gehört

Drei Worte, kurz und magisch

Drauf schaust du ganz verführerisch

Und flüsterst mit Begier:

„Noch mehr Bier!"

## Ehegelübde

Hier ist nun mein Versprechen

Stets werd' ich mit dir zechen

Bis hin zum bitteren Erbrechen

Wir füttern unsre Bäuche

Bis wir unter Gekeuche

Und fett am Boden liegen

Auch wenn die Worte uns versiegen

Und wir uns nur still anstarren

In Altersstarrsinn stur verharren

Stets werde ich dich lieben

Und durch die Gegend schieben

Wenn grau du bist und unzufrieden

Wenn runzlig du

Und mit Getu

Mit deinen falschen Zähnen klapperst

Und stets dieselben Stories plapperst

Wenn lang schon ich dich nicht mehr höre

Und nur mit Fürzen dich betöre

Auch wenn bewusst und aus Versehen

Wir uns stets auf die Nerven gehen

Wenn einsam wir in Betten liegen

Im Traum doch miteinander fliegen

Dann werd' ich dich noch immer lieben

Als wärst von mir nur du geblieben

# Deutschland 3.0

## Mein Vaterland

Armlose Bäume sehen hinauf zu steilen
Schluchten grauer Tristesse

Hartzend aus allen vier Wänden

Kopflose Androiden verbannen den letzten
Schmetterling

Vergiften den letzten Hund im wohlmeinenden
Augenschlag der Justiz


Soja deckt sich über Bienen und Kühe

Schwein ist ausgeschlossen

Vorschrift regiert Appetit

Es bleibt der Durst nach mehr

Natur verbannt

Kultur verbrannt

Bildung verkannt

Im grenzenlosen Land


Leere im Tempel

In den Augenhöhlen flackernde Bildschirme

Leere in der Suchmaschine

Füllt die Fingerspitzen

Gleichheit wird gefördert

Gemeinsamkeiten annulliert

Differenz ist Kultur

Kultur nicht existent


Mozart kugelt

Bach plätschert

Die 9. ist nur eine Zahl

Der Ring bestenfalls Schmuck, Rheingold
korrodiert

Lessing, Goethe, Schiller

Ganz nette Unterrichtsfüller

Und von Luthers Hand

Bleibt ein Fleck an der Wand


Worte von Hegel, Fichte und Kant

Verschossene Hülsen

Die Lorelei hat sich selbst ertränkt

Das Wintermärchen ein Albtraum

Vergangenheiten präpariert, konserviert und negiert

Feiern unter Verdacht

Die vierte Gewalt mit anderen Augen gesehen

Sehen mit verbundenen Augen


Führung im Leergang

Folge ununterbrochen

Im Einweichen geübt, Abweichen hat sich gewaschen

Der Spülgang ist fast abgeschlossen

Leiten wird gelitten und geduldet

Es wird geschuldet, es wird geschuldet

Schuld wird gepredigt und gesündigt

Die Tabula rasa wurde längst beschrieben


Immer wieder überschrieben

Wer, wo und wann

Sind wir

Wir

**Der Aal**

Ein kleiner unerfahrener Aal

Schwamm durch ein dunkles Jammertal

Schwamm er nach links, setzte es was

Schwamm er nach rechts, hetzte es was

Die Mitte war zu trüb und träge

Und führte leicht auf andre Wege

So hatte er die Qual der Wahl

Und wurde schlicht zum Zitteraal

# Kultur

Kultur, los

Kultur-Los

Kulturlos

**Staatssparen**

Da, wo der Staat sich einen spart

Und er spart viel

Und er spart hart

Da füllen sich die Kassen

Und pressen aus den Massen

Zur schnellen Schuldentilgung

Und Finanzierungsduldung

Den letzten Funken Bildung

An dem, der dumm und unerfahren

Kann man letztendlich Wahrheit sparen

So wird nun völlig ungeniert

Ganz unbemerkt manipuliert

Denn Bildung ist so strukturiert

Dass, wo sie fehlt, man fabuliert

## Deutschland einig Fußball-Land

Es flüstert hinter vorgehaltener Hand

Deutschland einig Fußball-Land

Die Flagge sonst fest eingerollt

Wird nun wieder vorgeholt

Und schmückt sogar den Blumentopf

Doch niemals Herz oder den Kopf

Wo andere andächtig lauschen

Historisch-kulturellem Rauschen

Um dann in alten Stolz zu sinken

Sieht man den Deutschen Bierchen trinken


Eingetauscht hat er Schwarz-Rot-Gold

Damit sich ja nichts wiederholt

Beobachtet wie Blasen platzen

Die sich im Glas spiegelnden Fratzen

Noch ist ein Schlückchen drin im Krug

Ertränkt das Wissen um Betrug

Noch sitzt er ruhig, noch hält er still

Der tugendsam duldende Michel


Tief drinnen weiß er ganz genau

Geschichte ist nur eine Show

Die seriell wiederkehrt ins Haus

Sie tauscht nur manchmal Spieler aus

Und schwankt das Schiff von links nach rechts

Kippt 's oft im Eifer des Gefechts

Wer dann ersäuft, das ist doch klar

Die bierchentrinkend stumme Schar


Kein Fähnchenschwenken hilft dann noch

Im Blumentopf bleibt nur das Loch

Da fließt 's hinaus nach rechts und links

Im Wurzelwerk gewaltig stinkt 's

Doch statt zu entsorgen den gesamten Gestank

Pflegt man den Topf auf der Fensterbank

Nimmt noch 'nen Schluck aus fast leerem Glas

Und setzt sich 'ne Klammer auf die Nas'


Und flüstert hinter zitternder Hand

Sei ruhig, mein einig Fußball-Land

**Es war fünf vor Halbmitternacht**

Als eine Eule mit Bedacht

Das linke Auge aufgemacht

Die Lage war sondiert im Nu

Drum klappt sie's auch gleich wieder zu

Und dreht sich weg mit empörtem Uhu

## Blutroter Himmel

Die Sichel hängt tief am blutroten Himmel

Durch leere Häuserschluchten drängt die finstere Flut der Furcht

Zähne klappern zum Takt eines unnachgiebigen Wiegenliedes

Doch sind sie längst abgestumpft

Und verstecken sich hinter zurückhaltendem Lächeln

Ohren lauschen misstrauisch zischendem Lispeln

Das in gleichmäßigen Wellen durch den Äther dringt

In jede Ritze quillt, hellhörige Wände verkittet

Gegen den Wortschwall, der gegen Stein brandet

Und schon bald verebbt im Treibsand des Vorgartens

Es wird geharkt, gründlich

Selbst das Unkraut steht in Reih und Glied

Und applaudiert der pünktlich anbrechenden Nacht

**Maskenspiel**

Die Wahl zwischen nichts und nichts

Ist etwas

Das sich niemand leisten kann

Das Maskenspiel hat begonnen

Verstecken im Verstecken

Niemand reißt falsche Gesichter herunter

Aus Angst, die echten kämen zum Vorschein

Oder nicht

Wer zieht die Fäden, an denen unser Gewissen
hängt

Gebunden an unsere Aggressionen

Pillen schlucken ist in Mode

Bittere, es wird betäubt

Es wird gewählt

Die Automatik im Leerlauf

Festgefahren

Zwischen nichts

**Einst pflanzte ich in tiefem Traum**

Einen hübschen Apfelbaum

Doch als ich da so sah und stand

Und alles schon ganz prima fand

Da trug der wunderschöne Baum

Nur eine wurmstichige Pflaum

Und als ich wieder hingeblickt

Da war ich aus dem Traum gerückt

In großem, wundersamem Buch

Ich drauf nach klarer Antwort such

Doch Klarheit musst ich selber schaffen

Mit Worten, schärfer noch als Waffen

Sie blieben mir im Halse stecken

Und an der Wand, da blieb ein Flecken

Das Unvermögen zu verdecken

Das so beliebt bei diesen Gecken

Die klammernd sich an wackligen Thron

Ganz ohne Land, doch mit bunter Kron

Geschaffen einen eigenen Stand

Es schwindet der Fleck, dort von der Wand

Und wie sie so kratzen, Stück für Stück

Da wünscht' ich mir das Fass zurück!

**Kapitulation**

Rezession

Hungerlohn

Still hartzende Detonation

Mittelklassensubordination

Wasserköpfige Administration

Rotgrüne Halluzination

Schwarze Diktion

Nichtssagender Parteienklon

Freie Meinungsdekoration

Instruierte Rebellion

Synchronisierte Kulturkastration

Polemisch selektiver Ton

Politgestützte Medienkoordination

Kritische Observation

Legislative Stagnation

Exekutive Amputation

Judikative Erosion

Illusionierte Protektion

Sanktionierte Masturbation

Flüchtige Absolution

Demokratische Inquisition

Invertierte Geschichtsrepetition

Projizierte Reputation

Spekulierte Reklamation

Verschobene Staatsobduktion

Perfekte Null-Option

Und wennschon

## Murmeln

Zwei Murmeln hingen schlaff und lose

In einer alten Unterhose

Im Grünen, auf der roten Leine

Da hingen sie ganz ohne Beine

In einem ausgewaschenen Schwarz

Sich nicht erinnernd eines Parts

So hingen und so träumten sie

Und fielen ganz in Lethargie

Seit Jahren weg war die Magie

Als sie gefüllt prall ihre Hose

Bevor sie gebaumelt in Dauerpsychose

Denn drauf stand Made in Germany

## Schlafend

Warten in Dauerschleife

Die Abrissbirne schneller als hundert Maurerkellen

Erinnerung flachgelegt

Monumente entfernt

Leere auf der Zunge

Zuviel Kleinkram in den Akten

Stapelt sich dornröschenhoch

Träumend den Traum eines Anderen

## Pst

Das Jetzt aufgehasst

Hassorgien hinter Masken

Maskenhafte Kämpfe hinter verschlossenen Fenstern

Fensterscheiben spiegeln eindringenden Halbmond

Mondschein schreit sei still

Stillstand tobt

Tobsucht bestätigt das tägliche Hier

Hierbei ist dort

## Lauf der Geschichte

Generation Null schwieg und lebte Leere

Die 1. Generation litt, tobte und baute auf

Die 2. Generation wollte mehr und stagnierte

Die 3. Generation erhielt eine Chance und wurde betrogen

Die 4. Generation feiert die Leere

Betäubend, im Gleichklang, ohne zu hinterfragen

It's Partytime!

# Tierische Diplomatie und weiteres missGeschick

## Die Brillenschlange

Eine kleine Brillenschlange

Musste warten viel zu lange

Auf ihren Augenarzttermin

Der zog sich über Jahre hin

Das hatte Wirkung folgenreiche

Nun ist sie eine blinde Schleiche

## Die Nacktschnecke

Eine kleine Nacktschnecke

Sprach, ich wüsst' gern ums Verrecke

Wie ich da rauf komm auf die Hecke

Ein Vogel dacht', zu diesem Zwecke

Lass mich dir helfen, kleine Schnecke

Fraß sie und flog hinauf zur Hecke

## Der Krebs

Ein kleiner dicker Krebs

Machte mächtig Tebs

Klappernd mit seinen Scheren

Als müsse er sich wehren

Zerschnitt er heiße Luft

Und zarten Möhrenduft

Das Blut stieg ihm zu Kopf

Dann fiel er in den Topf

## Der Wetterhahn

Es war einmal ein Wetterhahn

Der fing sehr schnell zu wettern an

Auch drehte er sich wild im Kreis

Mal war's zu kalt, mal war's zu heiß

Er stand weit oben auf dem Dach

Und macht' bei Wind recht lauten Krach

Ein Rabe in der Nachbarschaft

Dem er zu viel hat Krach gemacht

Der wollte ihn zu gern zerlegen

Doch stand der Hahn bei Sturm und Regen

Genervt schiss er deshalb darauf

Und dachte sich, ich gebe auf

Denn wenigstens da macht das Vieh

Nicht auch noch laut Kikeriki

**Das Wiesel**

Es war einmal ein Wiesel

Das kroch in einen Diesel

Dort war es warm und kuschelig

An etwas jedoch dacht' es nicht

Und das war so auch nicht gewollt

Dass, wenn das Auto losgerollt

Was vorher wie die Balearen

Schön warm nun hat sich heißgefahren

Es glüht des Wiesels hübscher Schwanz

Und führt zu einem wilden Tanz

Doch plötzlich hört 's auf sich zu drehen

Und mit 'nem Zisch bleibt 's Auto stehen

**Der Besuch**

Eines Abends bekam ich Besuch

Er flog an mein Fenster

Und machte hu-huch

Und wie ich ihn hörte

Da war es mir

Als hätte er Fernweh

Das Vogeltier

Er sprach wohl auch andere Sprachen

Der Kauz

Denn als ich mich umsah

Da war er schon fort

Mit einem ganz leisen miau-miauz

## Der Hund

Ein Hund, der blind und liebeskrank

Vor einem offenen Fenster stand

Die Stimme seines Herrn vernommen

Schaut in die Richtung ganz versonnen

Aus der die rote Nase wankt

Von Fliegen und Gestank umrankt

Der Speichel aus Mundwinkeln tropft

Der Hund mit seinem Schwanze klopft

Und in dem lauten, wirren Lallen

Zwei Welten aufeinanderprallen –

Wo jeder nur Verkommenes sieht

Da macht der Hund den Unterschied

## Die Stubenfliege

Es flog eine lästige Stubenfliege

Ganz dicht an Fritzens Ohr vorbei

Warte nur, wenn ich dich kriege

Schallt durch die Zimmer sein gellender Schrei

Sie saß an unerwünschtem Orte

Direkt auf der Geburtstagstorte

Und Fritzen schäumte nun vor Wut

Das tat der Torte gar nicht gut

Ein Hieb, ein Stoß, ein Schlag darauf

Die Sahne spritzt zur Decke rauf

Die Fliege hatte unterdessen

Zufrieden und schön sattgefressen

Zwischen den schlagenden Argumenten

Und den hübsch dekorierten Wänden

Das offene Fenster schnell gefunden

Und war schon längst wieder entschwunden

Als Fritzen starr und unverwandt

Vor seinen Tortentrümmern stand

Da saß sie schon auf nächstem Haufen

Und ließ sich vom Gestanke taufen

Und dachte sich, was für ein Tag

Da ich doch alles Beides mag

Und die Moral von der Geschicht'

Gegen Fliegen gewinnst du nicht

## Die Vogelspinne

Es sprach die Vogelspinne
Wenn ich mich recht entsinne
Hab' ich doch was gebissen
Da vorhin auf dem Kissen
Und als sie kam und sah
Da lag er auch noch da
Ein riesiger Koloss
Dem aus dem Mund was floss
Mit Augen ganz tiefrot
Sich solch ein Anblick bot
Dass sie rief, ich verzichte
Das macht es mir zunichte
Warum krieg ich die Schlappen
Schlecht marinierten Happen
Das seh' ich gar nicht ein
Mein Essen ist ein Schwein

## Das Gürteltier

Es war einmal ein Gürteltier

Das ging zu einem Juwelier

Doch der vergaß die Etikette

Zeigt' eine andere Facette

Nun ist das arme Tier

Ein hübsches Souvenir

**Das Kaninchen**

Ein junges Kaninchen

Traf auf ein Maschinchen

Und schon war das Feld

Gleich gedüngt bestellt

## Der Igel

Ein grummeliger Igel

Sah in einen Spiegel

Was er dort sah

Ging ihm sehr nah

Es war ein Heer

Mit Speer an Speer

Da dacht' er sich

Wie großartig

Hinter mir, juchhe

Steht eine Armee

Also befahl er sogleich dieser

Und wurde ein noch größerer Spießer

## Der Kabeljau

Ein dicker fauler Kabeljau

Der traf im Wasser eine Sau

Die schwamm da stur so vor sich hin

Und wollt' nach Argentinien

Der Fisch staunt über das Design

Und wollt' auch gern ein Meerschwein sein

Doch als er's untergehen sah

Entwich ihm nur ein müdes „pah!"

### Nächtliche Störung

Gerüttelt aus dem Traum

Schimpfte tief unten im Baum

Ein müdes Vogeltier

Nimm deine Zähne weg von hier

Zu spät, brummte der Dachs

Dann machte es laut knacks

## Käse

Eine Maus, die roch ganz frisch

Ein Stück Käse auf dem Tisch

Als sie darin den Zahn vergrub

Da spritzte nur ein Tröpfchen Blut

Sie rief ‚igitt', Schmidt schrie ‚oh weh'

Hing sie ihm doch am großen Zeh

Drum merke, bei dem großen Fressen

Sollte das Auge stets mitessen

**Am Arsch**

Es schrie ein Barsch

„Leck mich am Arsch!"

Da kam ein Hecht

Und fragte: „Echt?"

**Die Schwalben**

Zwei kleine Schwalben

Passierten die Alpen

Die eine rief: „Schau nur, schau dort!"

Da war die andre schon längst fort

Als rotgefiedert Deplatzierte

War sie der Steilwand größte Zierde

**Der Wels**

Es war einmal ein Wels

Der trug sehr gerne Pelz

Drum rief ein Aal im Frack

„Welch scheußlicher Geschmack!"

Da sprach der Wels

„Nun, mir gefällt 's."

## Wurm und Specht

Es hackte ein hungriger Specht

Sich ein großes Loch zurecht

Das führte in des Wurmes Haus

Direkt zu seinem Abendschmaus

Der schrie: „Das ist nicht regelrecht.

Ich darf hier leben – ohne Specht."

Der Vogel sprach: „Das trifft sich schlecht.

Was kümmert mich des Wurmes Recht?"

Drum merke, dass man hackt und frisst

Ist man kein Diplomat noch Jurist

## Stachelig

Ein Wildschwein machte Pinkelpause

Auf des Igels neuem Zuhause

Das brachte den Hausherrn auf den Plan

Der rief: „Was für ein Grobian!

Setzt mir ins Haus einen Ozean.

Das find' ich überhaupt nicht fein.

Mach dich bereit auf große Pein!"

Und weg rannte ein Stachelschwein

## Auf dem Radar

Es war ein Star

Auf dem Radar

Der war gar nicht berechenbar

Und stellte dar eine Gefahr

Drum schoss man auf das Exemplar

Bis es war nicht mehr wahrnehmbar

Doch was den Schützen nicht war klar

Dass mancher Vogel unhaltbar

Nur scheißt auf Kugelkommentar

Und durchschlüpft unter dem Radar

# Weitere Bücher

Weitze, Almut. *Tierische Begegnungen und andere Zusammenstöße*. Norderstedt: BoD, 2016.

Weitze, Almut. *Eine kleine Schwäche*. Norderstedt: BoD, 2015.

Weitze, Almut. *Wie der Osterhase Weihnachten durcheinanderbrachte*. Norderstedt: BoD, 2015.

Weitze, Almut. *Zirp und Rollewanst*. Norderstedt: BoD, 2015.

Weitze, Almut. *Kläffkonzert und Lyrikgewinsel*. Norderstedt: BoD, 2015.

Weitze, Almut. *Limericks - sonst nix*. Norderstedt: BoD, 2015.

Weitze, Almut. *GemeinGEFÄHRLICHe Tiergedichte*. Norderstedt: BoD, 2014.

Weitze, Almut. *Traum und Schein im Netz der Nacht*. Tönning [et al.]: Der Andere Verlag, 2010.